Renate Sültz

AF175311

BoD - Books on Demand
Norderstedt 2020

Renate & Uwe H. Sültz

Bücher von A bis Z

Bibliografische Information durch die Deutsche Nationalbibliothek
Die Deutsche Nationalbibliothek verzeichnet diese Publikation in der
Deutschen Nationalbibliografie; detaillierte bibliografische Daten
sind im Internet über http://dnb.dnb.de abrufbar.

© Renate Sültz
Herstellung und Verlag:
BoD – Books on Demand, Norderstedt
ISBN 9-78375-1-99960-1

Anmerkung zu den drei Teilen:

Ab Seite 4 lesen Sie die Erkenntnisse aus Renate Sültz' Tibet-Studienreise. Sie hat ihren Weg gefunden.

Ab Seite 24 lesen Sie etwas über Renate Sültz' Gefühle, über Liebe, mit einem Einblick in ihr Seelenleben. Autorin Renate Sültz ist auf ihrem Weg.

Ab Seite 60 stellt Renate Sültz die Frage: Woher komme ich?
Ihre Innere-Stimme sagte: Lerne im Tibet!

Renate Sültz

Weisheiten, Gedichte, Erkenntnisse, Meditation, Unsterblichkeit und das TAO TE KING

Teil 3

BoD - Books on Demand
Norderstedt 2020

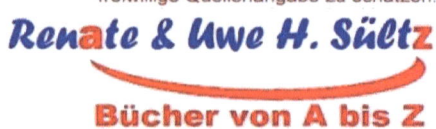

Renate & Uwe H. Sültz
Bücher von A bis Z

Bibliografische Information durch die Deutsche Nationalbibliothek
Die Deutsche Nationalbibliothek verzeichnet diese Publikation in der
Deutschen Nationalbibliografie; detaillierte bibliografische Daten
sind im Internet über http://dnb.dnb.de abrufbar.

© Renate Sültz

Herstellung und Verlag:
BoD – Books on Demand, Norderstedt
ISBN 9-78375-1-99924-3

Vorwort

In diesem dritten Teil meiner Buchreihe, möchte ich Ihnen etwas über das Meditieren vermitteln. Durch die Erforschung meines eigenen Körpers habe ich mir mehr oder weniger das Meditieren beigebracht. Es ist nicht schwer, wenn man sich einen Ort der Ruhe dazu ausdenkt. Außerdem möchte ich Ihnen den Taoismus etwas näherbringen. Über das Thema der Unsterblichkeit spreche ich, über meine Erkenntnisse und unterstreiche alles mit schönen Gedichten. Ich hoffe, dass ich Ihnen mit diesem Buch innere Ruhe und seelische Ausgeglichenheit übermitteln kann.

Teil 1

Über Lao-Tse gibt es sehr viel Literatur. Aber im Grunde wissen wir über das Leben und das Wesen des hervorragenden, fast aus einer anderen Welt kommenden Denkers, recht wenig.

Das, was wir über ihn berichten können, stammt aus fast legendenhaften Erzählungen. Lao-Tse war Reichsarchivar der Tschou (Dynastie). Er strebte danach, sich nur im Verborgenen aufzuhalten. In Tibet habe ich viel von den Mönchen erfahren. Unter anderem, dass sich dieser weise Mann keinen Namen machen wollte. Lange wohnte er in Tschou. Als er vorausahnte, dass der Verfall Tschou bevorstand, ging Lao-Tse weg. Schließlich erreichte er den Grenzpass. Der Grenzkommandant, so erzählten es mir die Mönche, hieß Yin Hi. Dieser forderte Lao-Tse auf sein Wissen in Form eines Buches weiter zu geben.

Das Buch, welches daraufhin entstand, war in zwei Teilen geschrieben. In 5000 und mehr Worten schrieb er so seine Gedanken nieder. Dann verschwand er und niemand hat je erfahren, wo er hingegangen ist. Viele vermuten, dass er 160-200 Jahre alt wurde. Er starb, laut Überlieferung ca. 350 vor Christus. Die Lehre des Lao-Tse bezieht sich auf das Tao und Te es bedeutet Reinheit und Ruhe. Ursprünglich bedeutete Tao (der Weg): Prinzip, Wort sprechen, Sinn, Weltgesetz, Vernunft.
Des Weiteren denken Philosophen, das Tao folgendermaßen zu deuten: Weg und Kreislauf des Alls. Diese Theorie vertrete ich schon sehr lange. Es könnte auch „harmonische Veränderung" der Natur bedeuten. Blühen und verblühen. Ewig schöpferischer Weg. Anfang und Ende allen Seins. Alles Existierende kommt aus dem Tao und kehrt letztendlich zu ihm zurück.

Das Tao umfasst und zeugt Yin und Yang. Es sind die zwei Urkräfte. Das dunkle, ruhende, gebärdende, weibliche Yin und das helle, zeugende, männliche Yang. Die schöpferisch im Wechsel wirkenden Kräfte des Yin und Yang sollen den immer wiederkehrenden, jährlichen Kreislauf der Natur, im ständigen Wandel gestalten.

Lao-Tse beschrieb ein transzendentes Tao, welches nicht zu erforschen ist und ein phänomenales Tao, das erkennbar und nennbar ist. Das Tao vereinigt gleichzeitig die reine und praktische Vernunft. Es wird gesagt, wer das Tao erlangt, ist ein Heiliger.

Unsterblichkeit

Über das Thema Unsterblichkeit erfuhr ich in Tibet etwas. Meine Studienreise führte mich dorthin, obwohl dieses Thema für mich als angehende Journalistin, nicht relevant sein sollte. Trotzdem sah ich es für mich als wichtig an, darüber zu erfahren.

Im Taoismus ist die Unsterblichkeit fest verankert. Ich dachte ständig darüber nach, wie ein menschliches Wesen unsterblich werden könnte. Das Beobachten der Mönche in Tibet faszinierte mich. Mit welcher Demut und Überlegenheit sie die Stunden des Tages gestalteten. Beten und meditieren stehen dabei an erster Stelle. Über den Taoismus gibt es zahlreiche Bücher, die ich regelrecht verschlang. Während ich las, überkam mich ständig das Gefühl der Verwirrung, auch Frustration, aber hauptsächlich Faszination. Ich glaube, dass sehr viele Menschen Schwierigkeiten haben, das Tao wirklich zu verstehen. Immer wieder wurde mir damals in Tibet erklärt, dass es ein Geheimnis gab, welches nicht jedem Menschen offenbart würde. Ich konnte lange Zeit nicht auseinanderhalten welche Bücher über das Tao nicht so gut oder wirklich gut waren.

Ich suchte immer weiter, entsprechend der taoistischen Tradition und wusste nun, dass Lao-Tse der wahre, große Denker war. Nun ja, ich sprach von Meditation und kann sagen, dass die Chinesen dies am meisten tun. Sie fördern in der Hauptsache damit ihre Gesundheit, das Bewusstsein zu erweitern und die Entwicklung der PSI- Kraft zu fördern.

Teil 2 - Das Meditieren in der Stille und die Heilkünste der Chinesen

In der Meditation bevorzugen die Taoisten bestimmte Techniken, die Geist und Körper gegenseitig beeinflussen. Jeder von uns würde, wenn er regelmäßig meditiert, einen großen Nutzen daraus ziehen. Nun noch einmal zur Unsterblichkeit. Hegen wir nicht alle den Wunsch alterslos und unsterblich zu sein? Ja, ich glaube schon, denn das Interesse am Universum und der Ursprung des Lebens sind bei den Menschen sehr ausgeprägt. Im Buddhismus stellt der Himmel das reine Land Buddhas dar.

Die spirituellen Gesichtspunkte sind bei den Chinesen unterschiedlich, doch im Grunde gibt es hier ein gemeinsames Fundament. Da gibt es zum Beispiel gleiche Techniken, die uns ermöglichen Körper und Geist zu kultivieren, sowie die Schranken der materiellen Welt zu überwinden. Außerdem das ewige Leben zu erlangen und seine Geheimnisse zu entschlüsseln.

In China gab es einen Weisen vor sehr langer Zeit, der unbedingt beweisen wollte, dass der Mensch wirklich Unsterblichkeit erlangen kann. Er dachte eine geregelte Lebensweise wäre dabei unabdingbar. Nur diese Behauptung kann weder bestätigt noch widerlegt werden. Die chinesischen Heilkünste möchte auch ich, für mich und für meinen Mann, neu entdecken. Die vorgegebene Lebensweise müsste dann unbedingt praktiziert werden. Aber dies praktizieren wir schon ansatzweise seit ein paar Jahren. Auf dem Gebiet der Psychotherapie, sind die ganzheitliche Gesundheitslehre der Chinesen und deren Heilkünste, besonders wichtig. Die Theorien der Unsterblichkeit wurden von Generation zu Generation überliefert und dies über Jahrtausenden von Jahren.

Wenn man die Auffassung der Chinesen vertreten will, kann nur an einem stillen Ort und im Sitzen meditiert werden. Es soll ja 30 verschiedene Stellungen geben, die eine erfolgversprechende Meditation gewährleisten. Das sogenannte „Stillsein" kann Ruhe und Bewegung gleichermaßen beinhalten. Das Erreichen der absoluten Stille, außen wie auch innen, ist das Ziel. In diesem Zustand sollen nach meinem Wissen, Langlebigkeit und Gesundheit kultiviert werden.

Da wir als Autoren und Journalisten oft bis tief in die Nacht arbeiten, brauchen wir anschließend viel Ruhe und Schlaf. Im Schlaf werden so unsere Lebenskräfte erneuert. Einst sagte Lao- Tse:
"Alle Dinge kehren zu ihren eigenen Wurzeln zurück."

„Im klaren stillen Sutra" werden Grundsätze des Taoismus beschrieben. Diese leiten sich von den Beobachtungen und Nachahmungen der Natur ab. Spirituelle Entwicklung und Reife werden nur in absoluter Stille kultiviert. Diese Entwicklung soll der Weg zur vorhimmlischen Reife sein. Ich glaube fest daran, dass es so ist. In absoluter Stille ist es möglich viele Dinge in einem anderen Licht zu sehen. Ich denke auch, dass nur in absoluter Stille Weisheit erlangt werden kann.

Teil 3 - Erkenntnisse und Gedichte

Das Leben ist sehr kostbar. Für viele von uns ist der Tag eine einzige Rushhour. Alles muss immer nur sehr schnell gehen. Ich aber habe mich nicht mehr unter ständigem Zeitdruck zurechtgefunden.
Das Leben wird uns kein zweites Mal geschenkt. Ich wollte dieses kostbare Leben von nun an schützen. Ich habe es heute geschafft aus der Tretmühle des Alltags heraus zu kommen. Ich danke Gott immer wieder dafür, dass er uns das Paradies auf Erden geschenkt hat. Er wollte nur das Beste für uns. Draußen, in der Stille der wunderbaren Natur werde ich stets von allen negativen Gedanken befreit. Heute ist mir klar was es bedeutet im Paradies zu sein.

Ich fühle mich trotzdem immer wieder der Hektik dieser Zeit ausgeliefert. Oft dauert es eine Weile, bis ich auf den richtigen Pfad gelange. Mein ganzes bisheriges Leben lang riss ich mich immer wieder zusammen, wenn mich die Arbeit und der Stress in den Abgrund ziehen wollten. Drei Kinder zog ich allein groß, ging noch arbeiten und sorgte jeden Tag dafür, dass ein gutes Mittagessen für die Kinder auf dem Tisch stand. Ich liebte die Drei und auch das Leben. Oft sagte ich mir: "Halt durch, die Kinder sind glücklich, das ist doch etwas Wunderbares und das Wichtigste. Ich hielt durch und erfreute mich daran, sehen zu können, wie sich meine Söhne entwickelten und logisch denkende, gesunde und liebenswerte Menschen wurden."

Auch wenn ich in dieser heutigen Zeit oft keinen Platz finde fürs Trödeln und Nichtstun, so zwinge ich mich zur Meditation an einem ruhigen Ort.

Hektik tut uns gar nicht gut.

Wir arbeiten und hetzen nur.

Fassen wir doch auch mal Mut

und gehen raus in die Natur.

Von jetzt auf gleich stieg ich regelmäßig aus dem Alltagsprozess aus. Da wir als freie Autoren in unseren eigenen vier Wänden oder in den von uns eingerichteten, verschiedenen Büros arbeiten, war es für mich einfach einen Rückzugsort zu finden.

„Warum eigentlich jetzt erst?", dachte ich. Ich richtete mir eine kleine, separate Leseecke ein. Wenn ich wieder einmal einen Tiefpunkt erreicht hatte, zog ich mich dorthin zurück. Ich las in meiner Lieblingslektüre, bis ich wieder genügend Energie getankt hatte.

Einzig und allein lag es an mir, wie ich meinen Tagesablauf plante. Nie mehr wollte ich in eine Stressabhängigkeit geraten.

Nun achtete ich darauf, genügend Spielraum zu haben, für verschiedene Aufgaben, die ich am Tag zu erledigen hatte.

Dafür musste ich größere Zeitpakete reservieren. Den Rest, also die freie Zeit, füllte ich mit kreativen Dingen. Jetzt hatte ich nie mehr das Gefühl etwas verpasst zu haben.

Teil 4 – Gönn' dir Ruhe.

Wir haben alle Zeit genug, um unser tägliches Leben zu organisieren. Wenn jemand zu mir sagt, dass er keine Zeit hat, so glaube ich ihm das nicht. Es gibt einen Sonnenuntergang und einen Sonnenaufgang. Dazwischen liegt genügend Spielraum, den man sinnvoll einteilen und gestalten kann. Jedoch so, dass für das Wichtigste Zeit bleibt. Es sind die Ruhephasen, die wir brauchen, um unser seelisches Gleichgewicht zu erhalten, innere Ruhe zu finden und unsere Gedanken zu ordnen. Diese Zeit sollte täglich in unserem Tagesablauf mit einbezogen werden.

Leben können, Leben lassen.

Leben wollen, glücklich sein.

Akzeptieren, nicht mehr hassen.

Im Herzen und im Denken rein.

Ganz egal, ob im Beruf oder zu Hause, ich will und kann mir nicht mehr viel zumuten. Unter anderem spielen auch gesundheitliche Probleme eine Rolle. Aber in der Hauptsache musste ich mir eine Insel der Ruhe einrichten. Die innere Ruhe und Gelassenheit, die ich jedes Mal spüre, ist sehr wichtig für mein Seelenleben und gibt mir Kraft den Alltag zu bewältigen. In diesen Momenten schalte ich meinen PC und mein Handy aus. Ich stelle mich ans Fenster und schaue hinaus. Meine Gedanken kann ich dabei komplett ausschalten.

Oder ich setze mich in meinen gemütlichen Ohrensessel und lese eine halbe Stunde. Jeder kann sich aussuchen, wie er seine Ruhephasen plant. Ein stilles Plätzchen ist wichtig.

Es muss absolute Ruhe herrschen. Was dann jeder Einzelne tut, ist ihm überlassen. Ich weiß nicht was andere verspüren, aber immer nach dieser Ruhephase habe ich ein wunderbares Gefühl der Ausgeglichenheit, wie ich es vorher nie gekannt hatte. Ich bleibe dann sogar ruhig, wenn andere um mich herum Hektik verbreiten.

Nimm dir Zeit, lass einfach los.

Vergiss das erdrückende Einerlei.

Deine Sehnsucht nach Ruhe ist groß.

Die Hektik geht vorbei.

Suche die Stille, und mach dich frei.

Gönn' dir Mußestunden.

Probleme sind nun einerlei.

Innere Ruhe hast du gefunden.

Teil 5 - Glücklich sein.

Unglücklich will ich niemals werden. Dazu musste ich lernen, den inneren Frieden zu finden. Erst jetzt im Alter wird mir klar, dass das Leben die wahre Wirklichkeit ist. Wenn man jung ist, weiß man noch nichts von der Welt, macht sich kaum Gedanken über das Leben und alles, was damit zusammenhängt.

Ich stell mir oft die Frage, warum es Probleme gibt. Fast jeder von uns hat die Angewohnheit, die kleinsten Unstimmigkeiten schon als ein Problem zu betrachten. Meiner Meinung nach gibt es keine Probleme. Warum versuchen wir nicht, nur mit positiven Gedanken die Welt neu zu formen. Es würde funktionieren, glaube ich. Alle negativen Gedanken wären dann Schall und Rauch, und Probleme gäbe es nicht ansatzweise. Glückliche Menschen haben in der Regel einen guten Charakter und eine positive Einstellung zum Leben. Alles was ich tue, erledige ich mit ganzem Herzen und mit Freude. Mein Mann und ich respektieren uns so wie wir sind. Wir sind unterschiedlich, aber das ist auch wichtig. Durch dieses Partnerschaftsverhalten in unserer Ehe empfinden wir jeden Tag Glück aufs Neue.

Das Glück, welches ich fand,

bist du, mein liebster Mann.

Nur Angst hatte ich gekannt.

Nichts Schöneres, ich empfinden kann.

Allein durch ein einfaches Lächeln, wenn wir es anderen Menschen entgegenbringen, kann man denjenigen, dem dieses Lächeln gilt, glücklich machen. Ich praktiziere es täglich und es macht nicht nur den anderen, sondern auch mich glücklich.

Weit weg halte ich mich von Menschen, die mir schlechte Schwingungen entgegenbringen. Ich spüre sofort ob es ein guter oder ein schlechter Mensch ist. Es mag arrogant klingen, aber es tut meiner Seele nicht gut. Ich nehme nichts mehr auf der Welt blindlings an, jedoch genau so wenig lehne ich etwas kategorisch ab. Bei allem was ich tue oder denke, nähere ich mich mit kleinen Schritten der Wahrheit an. Die Wahrheit über das Leben.

Lebe dein Leben, werde weise.

Bleibe stehts bei dir.

Schick' gute Gedanken auf die Reise,

lass' das Negative hier.

Lerne frei zu sein im Denken.

Suche Frieden, Ruhe und Stille.

Versuch' nicht andere zu lenken,

wichtig ist allein dein Wille.

Schlusswort:

In all den Jahren habe ich mir mit meinem Mann einen schönen und hochwertigen Lebensstil erarbeitet. Unser Leben verläuft weitgehend stressfrei. Es ist von Ruhe, Verständnis und Harmonie geprägt. Der liebevolle Umgang miteinander, sorgt fortlaufend für einen wohltuenden Seelenfrieden. Wir benötigen alle dringend einen solchen Frieden.

Ich hoffe, dass ich mit diesem Buch, dem Leser oder der Leserin etwas Gutes und Positives vermitteln konnte. Wir alle müssen umdenken und mehr für unseren inneren Frieden tun.
Nur so, und nicht anders, können unsere Probleme langfristig bewältigt oder sogar wegradiert werden.

Ihre Renate Sültz.

SÜLTZ BÜCHER decken alle Genres ab und haben mittlerweile weit über 400 Bücher weltweit veröffentlicht!

Renate Sültz

Weisheiten, Gedichte und Erkenntnisse

... denke über dein Leben nach

BoD - Books on Demand
Norderstedt 2020

Renate & Uwe H. Sültz
Bücher von A bis Z

Vorwort zum ersten und zweiten Teil dieser Buchreihe:

Wenn ich alles, was es in der Welt gibt und was geschieht, als Geschenk ansehe, habe ich begriffen was das Leben ist. Viele Dinge gibt es, die ich im Laufe meines Lebens durchlebt habe und worüber ich mir Gedanken gemacht habe. Sie haben zwar noch ihren Platz, aber stimmig sind sie auf keinen Fall mehr. Ich habe mich verändert und somit haben sich auch die Umstände geändert. Ich habe losgelassen, was nicht mehr zu mir gehört, und festgehalten, was ich in Wahrheit liebe. Ich habe immer das Glück in großen, spektakulären Dingen gesucht. Jetzt erkenne ich es in den einfachsten Dingen.

Dieses Buch von mir sagt sehr viel aus, wie es in mir aussieht. Es legt meine Seele frei. Die Zeilen lassen meinen Gefühlen freien Lauf. Ich präsentiere hier Gedichte für alle individuell zugeschnitten. Aber in der Hauptsache spiegeln sie meine tiefsten Empfindungen wieder. Natürlich steht auch in diesem Büchlein die Liebe an erster Stelle. Der Einblick in meine Seele, der durch diese Erfahrungen und Gedichte freigelegt wird, zeigt eigentlich nur, welch ein glücklicher Mensch ich wurde.

Es muss immer weiter gehen. Ob die Wege, die wir beschreiten, immer die Richtigen oder die falschen Wege sind, können wir im Vorfeld nicht wissen.

Ja, ich habe einsam an einem See gesessen, wollte nicht mehr weiter gehen. Bis mir das Schicksal ins Gewissen redete…

Einsam saß ich am See.

Ich habe alles verloren.

Das Gefühl, es tat sehr weh.

Ach wäre ich doch nie geboren.

Doch plötzlich sagte mir eine Stimme:

Reiß' dich zusammen und geh' voran.

Riesige Berge musst du bezwingen.

Der Weg ist steinig und lang.

Auch wenn es ausweglos erscheint,

besinne dich und habe Mut.

Du hast zu lang geweint.

Es wird doch alles wieder gut.

Ich ging in meinen Rosengarten und atmete tief den Duft
dieses göttlichen Gewächses ein…

Sie ist für die Liebe ein Symbol.

Betörend ihr Geruch.

Ich fühle mich in ihrer Nähe wohl.

Kann von ihr haben nie genug.

Stolz wächst sie in meinem Garten,

die schönste Blume weit und breit.

Liebster ich werde auf dich warten,

denn es wird kommen unsere Zeit.

Betäubend umgibt mich der Rosenduft.

Hin und her bin ich gerissen.

Im Geiste mich mein Liebster ruft:

Nie mehr sollst du mich vermissen.

Und langsam wurden meine Gedanken klarer und ich öffnete
die Tür in meinem Herzen…

Lass doch endlich das Glück in dein Haus,

dann vergehen Trauer und Schmerz.

Das Negative fliegt hinaus,

Die Liebe kehrt ein in dein Herz.

Zum Glücklich sein gehört nicht viel,

versuche es nur zu verstehen.

Das Positive ist dein Ziel.

Das Glück ist so nahe, du wirst es sehen.

Nur Du bist in meinem Denken.

Nur Dich hab ich immer geliebt.

Mein Leben will ich Dir schenken.

Bin glücklich, dass es Dich gibt.

Liebster ich will Dich küssen,

will Dich bei mir haben.

Kann Dich nicht mehr missen,

Muss es dir ständig sagen.

Du bist in meiner Seele.

Du bist in meinem Herz.

Vorbei, dass ich mich quäle,

Zu Ende der Seelenschmerz.

Wir trafen uns und sahen uns an, keiner von uns konnte so richtig glauben, dass es nun endlich soweit war. Wir konnten uns nur noch in die Augen sehen. Alles um uns herum existierte plötzlich nicht mehr…

Meine Augen sagen Dir so viel.

Mein Herz spricht Bände.

Du bist alles, was ich will.

Leg' Deine Seele in meine Hände.

Ich bin immer zu jedem Opfer bereit

Und schöpfe Kraft aus Deiner Liebe.

Ich kämpfe mit Dir alle Zeit,

stecke weg schmerzhafte Hiebe.

Damals sah ich Dich.

Konnte nach den Sternen greifen.

Das Band der Liebe fesselte mich,

doch unsere Gefühle mussten reifen.

Immer mehr wuchsen wir zusammen und unsere Seelen vereinten sich, wurden langsam, aber sicher zur Einheit. Unsere Herzen schlugen fast im gleichen Takt.

Denn unsere Herzen sind ein mechanisches Wunder, der Mittelpunkt des Ganzen. Nicht nur Gefühle sind dort verankert, sondern auch unsere Gedanken. Nur das Glück schien uns niemand zu gönnen. Neid und Eifersucht machte aus vielen Menschen, die wir kannten und auch die weniger Bekannten, gemeine Bestien.

Angriffe, Beleidigungen und Telefonterror machen uns heute noch das Dasein schwer. Doch für uns geht das Leben weiter. Wir sind gefestigt in unseren Gefühlen und in unserem Charakter. Schlussendlich handelte es sich nur um Neid, wie viele es bestätigten.

Berauschend ist Dein Duft,

hinreißend Dein Charme.

Meine innere Stimme ruft:

„Nimm mich endlich in den Arm"

Logisch und weise ist Dein Denken.

Zärtlich Deine Art.

Du willst mir Geborgenheit schenken.

Deine Liebe ist ehrlich und zart.

Beruhigend ist Dein Sprechen.

Ehrlich Dein herzhaftes Lachen.

Ohne Dich würde ich zerbrechen.

Du wirst mir stets Freude machen.

Der Alltag ist nicht immer einfach, aber es gelang uns, dunkle Wolken in Harmonie umzuwandeln. Diese Harmonie wird uns bis über den Tod hinaus verbinden.

Besinnlich sind die Abende mit Dir.

Ich bin nur noch verliebt.

Soviel Gefühle weckst Du in mir.

Bin dankbar, dass es Dich gibt.

Zärtlich berührst Du mich.

Ich will Dein Schutzengel sein.

Ich lebe nur für Dich.

Einen klaren Blick behalten

Wenn einmal das Klare aus meinem Blick verschwindet und mein Mann schweigt, weil er meine Eigenarten kennt, lasse ich den Tag an mir vorüberziehen. Ich werde genau prüfen, was ich gesagt habe. Dabei verheimliche ich nichts und werde auch nichts übergehen. Ich will dann an mir arbeiten und dafür sorgen, dass unsere Liebe wieder gefestigt wird. Mein Liebster schreibt:

Unsere Gedanken sind gleich.

Unsere Seelen sind verbunden.

Nie von Deiner Seite ich weich.

Zu schön sind mit Dir die Stunden.

Das Band der Liebe lässt uns nicht los.

Ich gebe Dich nicht mehr her.

Das Glücksgefühl ist riesengroß.

Ich brauche Dich so sehr.

Mit dem Partner vereint

Wenn man die einzigartige (ALLES IST EINS) Aussage verstehen will, sollte man versuchen, sich selbst in dem Partner an seiner Seite zu sehen. Dabei geht es nicht darum, dass man als Mensch eine andere Person mag, sondern darum, das Wichtige hinter der Persönlichkeit des anderen zu entdecken.

Wir werden den Weg gemeinsam gehen

Und niemand kann uns hindern.

Wir werden Stürme überstehen,

Nichts wird unsere Liebe mindern.

Lebensweisheiten und Erfahrungen, die ich selbst gemacht habe...

Ich werde jeden Augenblick im Leben genießen, denn gerade die schönen Momente vergehen wie im Flug. Kleine Botschaften, die ich im Leben empfangen habe, waren und sind immer ein Wink des Schicksals. Ich habe gelernt sie zu erkennen. Auch Geld alleine macht mich nicht glücklich. Im Gegenteil, es kann sogar sehr einsam machen. Auch denke ich, dass ich solange wie möglich das Kind in mir erhalten will. Öfter albern lachen, einfach mal Murmeln sammeln, oder mal für eine Stunde am Tag das tun, was mich im Kindesalter glücklich gemacht hat. Ja, ich werde es tun. Bis zu meinem Tod werde ich positiv bleiben und auch im hohen Alter, wenn ich dieses erreichen kann, den Augenblick genießen. Ich habe meine Aufmerksamkeit mit vollem Bewusstsein abgewendet von den Dingen, die nicht sein sollen. Stattdessen habe ich intensiv den Blick auf das gerichtet, was sein soll.

Genieße den Augenblick des Lebens.

Tue deiner Seele Gutes.

Nicht was du machst ist vergebens.

Geh' durchs Leben frohen Mutes.

Blick' nur auf das Wesentliche, genieße das Leben.

Schätze den Augenblick und lebe heute.

Bleib positiv, versuch alles zu geben.

Glück empfinden... ohne von Zwängen umklammert zu werden.

Frei sein heißt auch glücklich sein. Von allen Zwängen frei sein und tun was ich will. Ich habe ein sicheres Zuhause, kann besonderes Glück empfinden; und ich weiß wohin ich gehöre. Als ich gerade verliebt war, hatte ich Schmetterlinge im Bauch. Das Gefühl hat wohl jeder schon mal empfunden. Ich habe auch Schmetterlinge im Bauch, wenn ich am Morgen aufwache und neben mir liegt jemand, der zu mir gehört.

Jeder von uns ist froh, wenn er aufgefangen wird, egal was kommt. Kehren Sie doch einmal unangenehmen Dingen den Rücken. Es ist ein gutes Gefühl und erzeugt ein bestimmtes Glücksgefühl. Ich habe gelernt und lasse mich einfach treiben. Ich schiebe alle Sorgen einfach bei Seite. Das heißt aber nicht, dass ich wichtige Dinge nicht erledige. Das hat damit nichts zu tun. Ich genieße einfach das Glück, welches ich im Augenblick erleben darf.

Genieße alles Schöne dieser Welt

Verbringe sinnvoll deine Zeit.

Geh positiv durch die Welt.

Dein Ziel ist nicht mehr weit.

Trete allen Dingen mit Achtung entgegen, so wie du geachtet werden willst.

Ich trete allen Dingen im Leben mit Achtung entgegen. Ich habe festgestellt, dass alles kostbar ist. Jedes einzelne Teil, welches in meinem Leben existiert, ist ein Glied einer langen Kette. Ich habe gelernt, alles mit Sorgfalt zu betrachten. Schließlich wurde es der Beginn eines bewussten Lebens. Mein Lebenspartner ist mein zweites ich und unser Geist ist so miteinander verknüpft, dass alles andere nur einem Staubkorn gleicht.

Ich habe mich letztlich für den „WEG DER FREUDE" entschieden. Mit Freunden und denjenigen, die mir nichts Böses wollen und nichts Böses antun werden. Mit ihnen werde ich gehen bis ans Ende des Seins.

Vergiss nicht in Frieden zu leben.

Tue bitte nur, was Dir gefällt.

Du sollst Lebenslust und Freude geben.

Lerne was Dein Geist erhellt.

Genieße Dein Dasein mit aller Kraft.

Schau wie die Blätter im Wind verwehen.

Du hast einen großen Teil des Weges geschafft.

Bald bist Du soweit und kannst verstehen.

Die Weisheit fliegt Dir nicht einfach zu.

Du musst studieren und Dinge sehen.

Erwerbe Frieden und innere Ruh.

Mit erleuchtetem Herzen wirst Du gehen.

Das, was ich ausstrahle, habe ich zurückbekommen. Die Liebe, die ich in diesem Leben vergab, wird auch mir gegeben.

Hab' Dir viel Liebe gegeben.

Wir haben geweint und gelacht.

Wollte mit dir das Glück erleben.

Streichelte Deinen Körper sacht.

Es ist bis heute wunderschön.

Es soll immer so sein.

Niemals werden wir auseinander gehen.

Unsere Gedanken sind weise und rein.

Gerne erinnere ich mich wie es war,

es ist stets in meinem Geist.

Ich war glücklich, als ich Dich sah

Weis nun was wahre Liebe heißt.

Genieße die Stille, suche die Ruhe und du wirst großes Glück empfinden.

Ich scheute mich noch vor einiger Zeit alleine zu sein. Doch ich fand heraus, dass es dafür eine Lösung gibt. Ich befahl mir wenigstens einmal an nichts zu denken, nicht zu reden. Die Stille um mich herum wurde zur einzigen Qual. Ich befahl mir still zu sein, und dann geschah etwas Ungewöhnliches. Es stiegen alte Gewohnheiten und schlechte Gefühle auf, die für Unruhe in der Stille sorgten. Ich flüchtete mich in Beschäftigungen, weil diese Stille für mich ungewohnt war. Ich empfand sie als schlimm und deprimierend.

Ich dachte darüber nach und musste feststellen, dass ich plötzlich diese Stille als einzigartig empfand. Ich erwachte zum Leben und empfand dies als eine herrliche Herausforderung. Tatsächlich sollte es zum Mittelpunkt werden, von allem was ich tat. Doch wieder machte ich mir Gedanken darüber, warum die Menschen unglücklich und die Welt so chaotisch ist.

Mach' Dir nicht so viel Gedanken.

Träume Deinen Traum.

Sonst kommst Du schnell ins Wanken

Und glücklich wirst Du kaum.

Hör' nicht zu was andere sagen.

Denk' gut nach und schweig'.

Du musst etwas Neues wagen

Die kalte Schulter ihnen zeig'.

Im HIER und JETZT, da sollst Du leben,

und positiv durchs Leben gehen.

Sollst nicht nehmen, sondern geben,

und immer nur das GUTE sehen.

Sag' ja zum Leben, tue was dir Freude macht und befreie dich von allem Negativen.

Es war ein schönes Gefühl, als ich wieder zum Leben" ja" sagen konnte. Ich versuchte es zwar stets, aber so richtig gelang es mir nie. Ich glaube, ich habe nun den richtigen Weg für mich, meine Familie und für meinen Partner gefunden. Von allem was ich tue ist es zum Mittelpunkt geworden. Es war ein Abenteuer, bis ich endlich herausgefunden hatte, wer ich bin. Warum tat ich mich eigentlich in der Vergangenheit so schwer zwischen wahren und vorgetäuschten Gefühlen zu unterscheiden? Warum erkannte ich so spät woher meine Handlungen kamen? Warum habe ich so gelitten? Warum interessierte ich mich mehr für materielle Dinge, als für geistiges Gut? Bevor ich wusste wer ich wirklich bin, versackte ich in dem Sumpf solcher Fragen. Schließlich hielt ich mich nur noch dort auf, wo das Glück präsent ist und ich merkte, dass es jenseits vom Denken angesiedelt ist.

Das Leben ist kein Kinderspiel.

Oft ist es schwer zu ertragen.

Wir nehmen es an mutig und still.

Auch schwere Schritte müssen wir wagen.

Das Theater, welches „LEBEN" heißt,

fordert von uns alle Kraft.

Doch wir kämpfen und merken meist,

dass wir es irgendwie geschafft.

Drum sag' doch ja zum Leben,

dann wirst du glücklich sein.

Alles musst du noch mal geben,

denk dran du bist nicht allein.

Sei zufrieden mit dem, was dir gegeben.

Erlange Weisheit und schärfe dein Denken.

Sag' ja zu diesem schönen Leben

Das ewige Leben wird Gott dir schenken.

Sei zufrieden mit den Gegebenheiten, die das Leben dir schenkt.
Wenn du ihnen positiv entgegentrittst, werden sie auch positiv sein.

Sicher habe ich auch Fehler gemacht in meinem Leben,
doch auch Erfahrungen und Weisheit erworben.
Ich habe gelernt aus meinen Fehltritten. Meine Fehler kann ich
auch als Anhaltspunkte bezeichnen. Sie zeigten mir bewusst
den Weg an, den ich gehen musste. Ich bin zufrieden mit den
Gegebenheiten, die mir das Leben geschenkt hat.
Trotzdem schafft es der Verstand immer wieder, mir den Boden
unter den Füßen wegzuziehen. Ich denke er will damit seine
Machtansprüche geltend machen. Oft frage ich mich, ist das der
richtige Beruf für mich, ist das der richtige Partner oder die
richtigen Freunde, usw. ...

Dann wird mir bewusst, dass es genau in diesem Augenblick des
Fragens, das Richtige ist.

Es geschehen oft Dinge in meinem Leben, die mir oft ein
mulmiges Gefühl verschaffen. Da gibt es zum Beispiel Situationen,
die mich aufregen und denen ich nichts Positives abgewinnen kann.
Befinde ich mich aber meiner Meinung nach in einer unguten
Situation und überprüfe diese genau, dann muss ich feststellen,
dass es komischerweise keine ungute Situation ist.
Warum ist das eigentlich so? Ich musste versuchen, die
Zusammenhänge zu durchschauen. Eigentlich konnten sie nur so
sein, wie ich sie in Wahrheit empfand.

Viele Menschen sehen nicht,

wollen weitergehen.

Haben kein Lächeln im Gesicht,

können nichts verstehen.

Wann begreift der Mensch denn endlich,

warum kann er es nicht lassen?

Ist denn alles unverständlich?

Ich kann es gar nicht fassen.

Verstanden werden und auch sehen.

Wär doch schön, wenn dies so geht.

Dann können wir den Weg erst gehen.

Wenn man die Welt versteht.

Das Leben ist ein Geschenk, wir sollten es achten.

Ich betrachte mich als Geschenk des Lebens. Jedoch auch, ohne arrogant zu sein für andere. Materie ist, wie wir wissen vergänglich. Eigentlich gehört mir nichts, denn alles ist nur geliehen. Absolut nichts kann ich als mein Eigen betrachten. Ich habe es mir immer ins Bewusstsein gerufen. Es hat mir geholfen, das Leben von einer ganz anderen Seite zu betrachten. Als ich das alles begriffen hatte, konnte ich endlich ja sagen zum Leben. Ich habe auch erkannt, dass alle Menschen absolut gleich sind. Dabei spielen Hautfarbe und Status keine Rolle. Alles ist unwichtig. Was wirklich wichtig ist weiß ich nun. Ich habe verinnerlicht, wer ich in Wirklichkeit bin. Ich habe entdeckt, was für ein wunderbares Geschenk es ist, als Mensch hier sein zu dürfen. Ja, das tägliche Erwachen und teilnehmen am Leben ist mehr als ein Geschenk, wofür ich unendlich dankbar bin.

Ewig ist nicht das Leben.

Ruhig vergeht die Zeit.

Zum Himmel werden wir schweben.

Das Ziel ist nicht mehr weit.

Drum lebe jetzt, das ist so wichtig.

Tue, was du tun musst.

Nimm dich selber wichtig

Und spüre Glück und Lust.

Zum Leben gehört auch glauben.

Glauben an sich selbst.

Lass dich nie des Glücks berauben.

Ganz fest du es in Händen hältst.

Entscheide selbst, denn du wirst das Richtige tun.

Die wenigsten Entscheidungen treffe ich mit meinem Verstand,
sondern aus dem Herzen. Meistens steht die jeweilige Entscheidung
schon fest, bevor ich daran denke oder sie ausgesprochen habe.
Wenn ich spontan und intuitiv handele, geschieht dies automatisch
und meistens von selbst. Wenn meine Entscheidungen stimmig sind,
stimmen auch immer die Ursachen, die sie setzen.

Wofür ist eine Aufgabe da? Natürlich um erledigt zu werden.
Ich kann eine Aufgabe aber erst als erledigt betrachten, wenn ich
sie beendet habe. Diese Regel beachte ich und jedes einzelne
Vorhaben wird zum Erfolg. Es mag wieder arrogant klingen aber
ich will erfolgreich sein. Nicht nur einmal, sondern für immer.
Es hat sich für mich gelohnt. Es wird sich auch für jeden anderen
lohnen, der die Regeln kennt und einhält.

Wer will schließlich nicht als Gewinner das Spielfeld verlassen.
Dazu muss man sich einen Leitsatz merken, der mir stets Erfolg
einbrachte und immer noch bringt. Jedenfalls ist er in vielen
Situationen nützlich für mich. Ich sehe mich als Gewinnerin auf allen
Ebenen im Geiste. Ich kann ganz klar fühlen, dass ich am Ziel bin.
Oft ist es mir nicht klar aber Gewinner und Verlierer stehen
meistens schon am Start fest. Die Art und Weise, wie ich an die
Dinge herangehe, nimmt logischerweise Einfluss auf den Verlauf
und den Ausgang der Sache selbst. Ich habe mich jedenfalls
dazu entschieden, eine Gewinnerin zu sein.
Ich glaube fest daran, dass es sich so fügen wird.

Es ist wichtig zu erkennen,

den Weg den man gehen muss.

Gut ist's nicht wegzurennen.

Nein, halte durch bis zum Schluss.

Hast du deine Seele erkannt,

dann musst du nichts mehr sagen.

Sei auf das, was kommt gespannt.

Trau' dich was zu wagen.

Erkennst du das Wichtige für dich,

dann hast du viel gewonnen.

Das Schicksal lässt dich nicht im Stich.

Nichts wird dir genommen.

Führe ein liebevolles und friedliches Leben.

Ja, ich habe das Leben jetzt verstanden.
Ich lebe in Frieden mit meinem Partner zusammen.
Wir gehen liebevoll miteinander um. Ich habe erkannt was
wichtig für das Wohlergehen meiner Seele ist. Und das letztendlich
das Menschsein in diesem Leben, dass wunderbarste Geschenk ist.
Wir sind verpflichtet es zu schützen, zu respektieren und zu achten.

Auch mit meinen Mitmenschen gehe ich liebevoll um.
Ich merke jedes Mal, dass man mir ebenfalls mit Freundlichkeit
und mit einem netten Gespräch entgegen kommt. Auf der anderen
Seite gibt es nicht nur die Zwischenmenschlichen Gefühle.
Es sind Erfahrungen, die intensiver und tiefer sind als Gefühle.
„DIE LIEBE". Sie definiert sich in der Regel über den Menschen
jedoch ist sie nicht von dieser Welt. Ich empfinde es jedenfalls so.
Ich denke, dass die Liebe das ist, was die Welt zusammen-
und am Leben erhält.

Lasst euer Herz nicht erhärten. Erweist euren Mitmenschen
kleine Freundlichkeiten. Sie werden dir mit Zuneigung antworten.
Freundliche Gedanken werden sie dir schenken.
Je mehr Menschen du mit Freundlichkeit und Hilfsbereitschaft
glücklich machst, desto mehr dieser positiven Gedanken wirst auch
du verspüren. Dies alles ist mehr wert als Ruhm und aller Reichtum
dieser Welt.

Ich habe viel Schlechtes erlebt.

Hab durchgehalten und alles gegeben.

Hab nie hach Reichtum gestrebt

Durfte endlich das Glück erleben.

Sechs Engel gehen mir zur Hand.

Sie werden immer zu uns stehen.

Sie werden ziehen, das Familienband.

Niemals werden sie von uns gehen.

Meine letzten Worte an den Leser!

Zum Schluss möchte ich noch ein paar Zeilen schreiben,
die es ihnen etwas leichter machen sollen, mit den Problemen
des Lebens fertig zu werden. Mir ist klar, dass es hierfür keine
festen Regeln geben wird. Der Mensch ist einzigartig und individuell
sein Geist und seine Erlebnisse. Trotzdem ist es stets mein Wunsch
gewesen, meine Gefühle und Erfahrungen zum Ausdruck zu bringen
und meine Gedanken mit anderen Menschen teilen zu können.

Wir müssen einfach versuchen unser Selbstbild zu optimieren.
Es bestimmt unser Leben, auch wenn es uns nicht bewusst ist.
Alles was nicht mehr zu uns gehört, sollten wir nicht mit uns
herumtragen. Damit meine ich die Vergangenheit, Ärger,
Angst und Stress. Auch überholte Beziehungen gehören dazu.
Wie viele von uns halten daran fest, obwohl es keinen
zukunftsorientierten Weg geben kann.
Loslassen befreit und schafft immer wieder Platz für Neues.

Lenkt eure Gedanken in die richtigen Bahnen und macht euren Geist
frei für die wirklichen und tiefen Fragen des Lebens. Wenn euer
Verstand dafür Interesse entwickelt hat, werden schlechte Gedanken,
die belastend für euer Leben sind, immer mehr und mehr verblassen.

Danke für Ihr Interesse

Renate Sültz

Renate Sültz

Weisheiten, Gedichte und Erkenntnisse

... denke über dein Leben nach

Teil 2

BoD - Books on Demand
Norderstedt 2020

Renate & Uwe H. Sültz
Bücher von A bis Z

Glück liegt nicht so herum.

Drum ändere Dein Leben.

Es sagt nichts, ist stumm.

Kann Dir trotzdem viel geben.

Frag' nicht immer nur warum.

Hinterfrage nicht das Sein.

Lebe endlich, sei nicht dumm.

Dein Geist wird klarer und rein.

Optimiere dein Bewusstsein.
Investiere in die Wiederbelebung der Intuition.

Wir alle tragen diese Fähigkeit in uns. Auch ich musste
sie erst aktivieren. Leider hätte ich es fast verlernt.
Jedoch um nützliche Ergebnisse zu bekommen, lernte ich
auf mein Gefühl zu hören. Von nun an handelte ich intuitiv
und die Resultate waren wirklich beeindruckend.
Mein Verstand kann nur einen kleinen Teil an Informationen
speichern. Das, was der Verstand, bzw. der Speicher,
aber festhalten kann, ist jederzeit wieder abrufbar.

Auf jeden Fall kann das Unterbewusstsein fast alles speichern.
Auf der Ebene, auf der unsere Erlebnisse aufbewahrt werden,
hat unser Verstand keinen Zutritt, aber die Erinnerung.
Ich weiß heute, dass mein Verstand mit dieser Ebene identisch ist.
Es war richtig, dass ich die Entscheidungen aus dem Herzen traf.
Ich traute meinem Gefühl, wenn es „ja" sagte. Ich versuchte
jedenfalls, die natürliche Fähigkeit meiner Intuition zu optimieren.

Die Liebe fühlen und erleben.

Die Zartheit Deiner weichen Haut.

Hoffnung und Schutz Dir geben.

Ein Mensch, der Dir voll vertraut.

Ja, Du bist es, du ganz allein.

Ich liebe Dein reines Herz.

Wirst immer mit mir glücklich sein,

ohne Sorgen und ohne Schmerz.

Lebenserfahrung, oder das, was viele Glauben zu besitzen.

Lebenserfahrung ist mit Weisheit gleichzusetzen.
Ich habe im Laufe meines Lebens viel Traurigkeit und Schmerz erfahren. Natürlich auch viel Glück. Meine Kinder haben mich für alles Leid entschädigt und ohne sie, wäre ich längst nicht mehr die mental und seelisch so standfeste Person, die ich heute bin. Nur sie sind es, die mir Kraft geben weiter zu gehen, zusammen mit meinem liebevollen Mann, den ich immer schätzen und lieben werde.

Weisheit heißt, über den Dingen zu stehen. Wer weise ist, hat aus seinen Fehlern gelernt und erkannt, worauf es wirklich ankommt.

Ich habe viele Fehler gemacht im Laufe meines Lebens. Aber kann man einen so jungen Menschen überhaupt für etwas verantwortlich machen?

Ich habe das Leben kennengelernt und weiß nun,   dass es einiges gibt, was mich daran hindern wollte, Erfolg und Zufriedenheit zu erlangen. Außerdem taten überholte Glaubenssätze ihr Übriges. Schon in der Kindheit wurden sie mir eingeimpft. Bisher fehlte es mir an Einsicht und Mut, diese Glaubenssätze zu hinterfragen. Warum eigentlich?

Ist mir denn wirklich alles andere wichtiger, als mich mit mir selbst zu befassen? Doch irgendwann habe ich mich endlich an mein Innenleben herangewagt. Obwohl, immer noch kommen diese unangenehmen Gefühle, wenn es ruhig um mich herum wird, wenn ich in mein tiefstes Inneres hineinhorche. In diesen Momenten bilde ich mir ein, flüchten zu können. Ich lenke mich ab mit irgendwelchen Tätigkeiten, ja ich flüchte oft. All meine Schwächen und alle unangenehmen Gefühle konnten erst dann weichen,

wenn ich mich intensiv damit auseinandergesetzt hatte.
Es dauerte lange bis ich begriff, nicht ständig alles hinterfragen zu müssen. Wahrscheinlich, wäre ich, wenn ich es nicht geschafft hätte in einem Teufelskreis stecken geblieben. Ein endloser Kreislauf hätte mich vollkommen handlungsunfähig gemacht.

Ich habe aber im Laufe meines Lebens viele Erfahrungen gemacht, die mein gesamtes Denken geprägt haben. Wir leben in einer Welt, in der es hauptsächlich darum geht zu überleben. Dazu braucht man Geld. Auch ich brauchte es. Ich wollte mir Wünsche erfüllen und mich vernünftig ernähren.

Es ist sinnvoll, Geld zu besitzen, das gebe ich ja zu. Doch ich musste investieren, um wieder den Kontakt zu meiner inneren Weisheit zu bekommen. Immer wieder dachte ich an den Tibet, an das TAO TE KING.

Bevor der Wohlstand in Erscheinung treten konnte, habe ich mich gefragt, inwieweit ich überhaupt Wohlstand erlebt habe. Ich fragte mich, welche Gedanken ich habe. Sind sie immer zum Wohle meiner Mitmenschen oder meines Liebsten?

Weiter fragte ich mich, ob mein Handeln und meine Gefühle wohlwollend sind. Ich musste alles ändern und brauchte mich dazu nicht einmal zu verstellen. Jedenfalls tat ich alles aus Überzeugung, und niemand zwang mich etwas zu tun, was ich nicht wollte. Es hätte auch nicht meinem Wesen entsprochen. Längst durchschaute ich, in welchen Vorstellungen und Gewohnheiten ich mich verstrickt hatte. Sie machten mir das Leben nicht gerade leicht. Heute kann ich mich glücklich schätzen, auch unter den Einflüssen des Buddhismus, mein Leben in die Richtigen Bahnen geleitet zu haben.

Erfahrungen sammeln im Leben.

Gewohnheiten durchschauen.

Seinem Liebsten viel Liebe geben.

Überzeugt sein und vertrauen.

Fehler, die du einst gemacht,

sie sind längst vergessen.

Das jagen nach Ruhm und Macht,

niemals war es angemessen.

Versuche loszulassen, was nicht mehr zu halten ist.

Obwohl es eigentlich einfach ist, tat ich mich recht schwer,
unschöne, ja sogar grausame Erlebnisse, aber auch Dinge,
die ich nicht hätte ändern können, aus meinem Denken zu verbannen.
Ich musste unter allen Umständen loslassen. Ich musste meine
Familie, mein Leben und meine Seele retten. Das tat ich und dieser
Weg war richtig. Es war mein Weg, der mich nur unter dieser
Voraussetzung zum Glück meines Lebens führen konnte. Ich tat es
endgültig. Auch beschloss ich in den Tibet zu gehen, um meine
Erkenntnisse zu untermauern und noch mehr zu lernen.

Ich denke, dass es nicht nur um das Loslassen geht, sondern um die
Frage, warum wir nicht loslassen können. Ich hatte Angst und sehnte
mich nach etwas, was ich nicht bekommen konnte. Heute bin ich ein
glücklicher Mensch und froh, so gehandelt zu haben. Ich bin ein
fröhlicher Mensch, denke nur an schöne Dinge, bin kreativ und lebe
das Leben. Meine Erfahrungen im Tibet sollen in einem dritten Teil
veröffentlicht werden.

Geh' Deinen Weg, sei gescheit.

Lass' los, was dein Glück zerstört.

Ein neues Leben steht für dich bereit.

Die Welt nun endlich dir gehört.

Löse dich von schlechten Dingen.

Sie blockieren nur dein Leben.

Nur so kann Neues beginnen.

Es wird dir Zufriedenheit geben.

Sag' endlich ja zu dir, schau' in dich hinein.

Geh' den Weg, den das Leben dir weißt.

Glück begleitet dich, lässt dich nicht allein.

Endlich begreifst du, was Leben heißt.

Ich habe mir oft die Frage gestellt, wann das Denken im Menschen begann? Was war denn, bevor wir überhaupt denken konnten. Was habe ich gemacht oder wo war ich, bevor der erste Gedanke in meinem Gehirn entstand? Wieder habe ich erkannt, dass ich etwas Außergewöhnliches bin, bzw., dass jeder außergewöhnlich ist. Das bezieht sich auf alle Menschen dieses Planeten, vielleicht sogar im gesamten Universum.

Ich und meine Mitmenschen können sich als All-Geist bezeichnen. Dies ist ein großartiges Geschenk und wir sollten uns von diesem lenken lassen. Ich tat es bereits, nachdem ich viele Erkenntnisse gewonnen hatte.

Ich lasse mich ständig von dieser Kraft lenken. Vieles ist nun möglich, was ich vorher als unmöglich empfand. Was da aus mir herausbrach, verwandelte mich und vollzog in mir eine absolute Erneuerung.

Nimm dir viel Zeit für deine Gedanken.

Sind sie positiv, reinigen sie deinen Geist.

Kein Grübeln und auch kein Schwanken,

dich auf den falschen Weg hinweist.

Tue was für dich das Beste ist.

Lass' los, was dich gequält.

Nicht ein bisschen, du vermisst.

Das Hier und Jetzt nur zählt.

Wie sehen wir die Dinge?

Immer noch habe ich Probleme, weil ich es einfach noch nicht ganz geschafft habe, die Sichtweise zu ändern. Ich sollte mir immer vor Augen halten, dass Gedanken besondere Kräfte sind.
Sie lassen uns siegen oder untergehen.

Ich nehme heute die Situation so an, wie sie ist. Nur so konnte ich Erfahrungen sammeln, die längst schon auf mich gewartet hatten. Niemals mehr werde ich versuchen, meinen Partner oder meine Mitmenschen zu bekämpfen oder zu ändern. Ich wünsche keinem mehr etwas Böses. Denn sonst hätte ich ein Problem und würde mir selbst schaden.

Auf keinen Fall werde ich meinen Partner als Eigentum betrachten. Viele meiner Bekannten tun es aber und merken nicht, dass sie das Ende der Beziehung herbeirufen. Ich empfinde mich als eigenständigen Menschen, was aber nicht immer der Fall war. Ich bin verantwortlich für mein eigenes Leben und von dem meines Partners. Dies betrachte ich heute als selbstverständlich. Jeder von uns sollte sich von egozentrischen Anhaftungen vollkommen lösen. Auch wenn es sich nicht gerade realitätsbezogen anhört, doch in jedem von uns wohnt der göttliche Funke. Es gibt aber auch die andere Seite in uns, die eigentlich nur eine Spiegelung unseres Selbst darstellt. Ich habe heute das Gefühl, dass ich nicht besser bin als andere, oder etwas Besonderes. Nein, im Gegenteil. Alle Menschen sind gleich und machen Fehler. Doch heute achte ich darauf, die gleichen Fehler nicht ständig zu wiederholen. Würde ich dies tun, wär ich eine Gefangene meiner selbst.

War es denn wirklich das Neue oder Unbekannte, wovor ich Angst hatte? Lange habe ich in der Vergangenheit gelebt und nur Kraft daraus schöpfen können. Wie falsch das alles war. Ich habe letztendlich gelernt, achtsamer mit meinen Worten, mit meinen Gedanken und mit meinem Handeln umzugehen. Habe gelernt, Menschen zu schätzen und zu verstehen. Meine Partnerschaft ist ausgeglichener und harmonischer geworden, dank meiner Erkenntnisse.

Hiermit bedanke ich mich bei den Lesern meiner Bücher.
Ich hoffe weiterhin, auch durch die Verschiedenartigkeit der Lektüre meine Leser zufriedenzustellen.

Ihre Renate Sültz

SÜLTZ BÜCHER decken alle Genres ab und haben mittlerweile weit über 400 Bücher weltweit veröffentlicht!

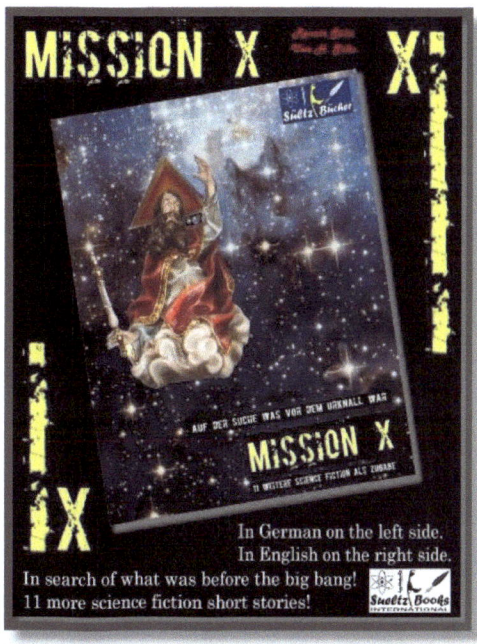

Folge SÜLTZ BÜCHER auf

Büros sind in Tinnum auf Sylt,
am Edersee in Harbshausen,
in Lünen und in Königsborn.